ESTA AGENDA ES MÍA

NOMBRE:
DIRECCIÓN:

SI LA ENCUENTRAS
MÁS VALE QUE ME LA DEVUELVAS
O TE PASARÁ ALGO MUUUY MALO

JA!
JA!
JA!

AGENDA VILLANA

ORGANIZA & COLOREA

¡Date el gusto
de ser gamberr@!

BONASPINA

ser un villan@ es muy dificil

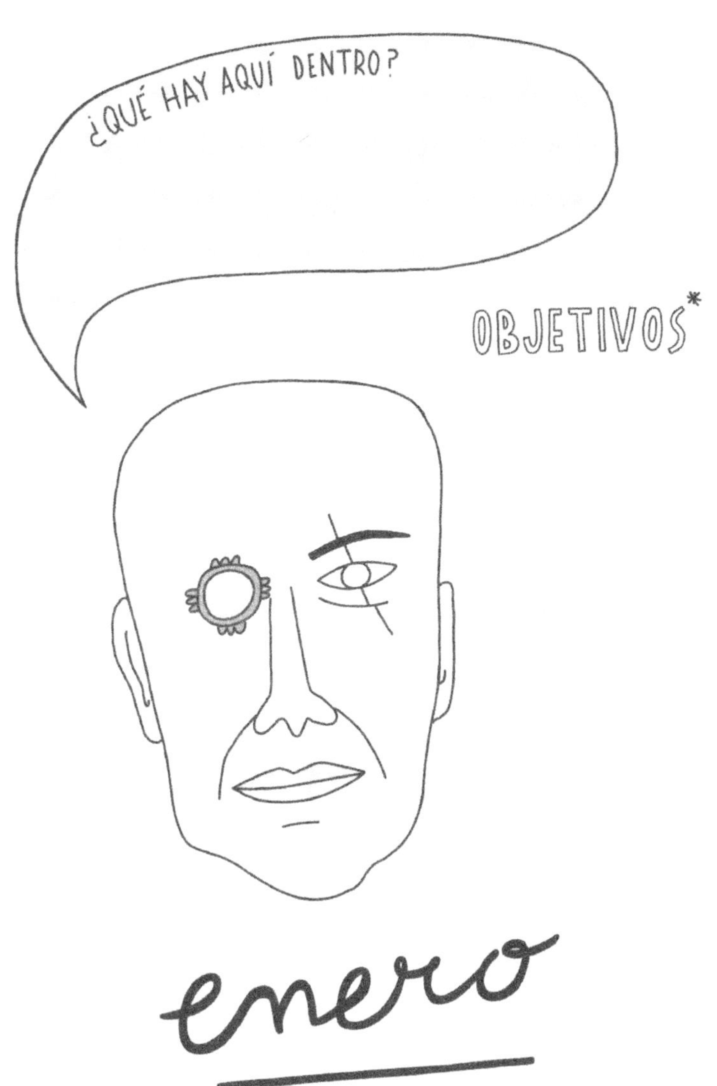

*LLENA LA PÁGINA CON OBJETIVOS PARA ESTE AÑO.

ENERO

LUNES	MARTES	MIÉRCOLES

ENERO

JUEVES	VIERNES	SÁBADO	DOMINGO

CON CALMA BABY

☐ LUNES

☐ MARTES

☐ MIÉRCOLES

☐ ....   ☐ ....
☐ LUNES ....   ☐ ....
☐ ....   ☐ ....
☐ ....   ☐ ....
☐ ....   ☐ ....

ENERO

___ JUEVES

___ VIERNES

___ SÁBADO | ___ DOMINGO

☐ ....
☐ ....
☐ ....
☐ ....
☐ ....

☐ ....
☐ ....
☐ ....
☐ ....
☐ ....

ENERO

___ LUNES

___ MARTES

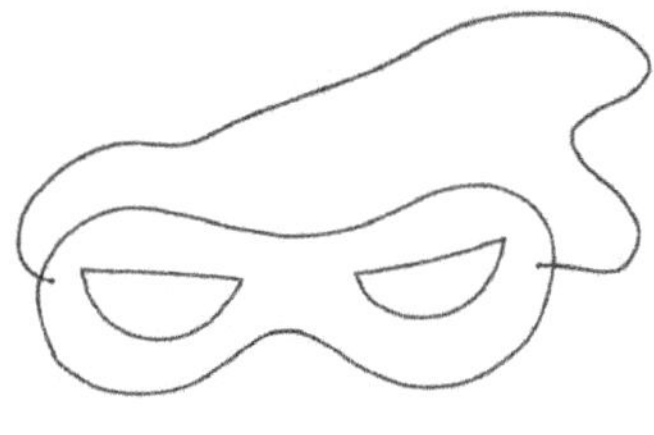

___ MIÉRCOLES

ENERO

___ JUEVES

___ VIERNES

___ SÁBADO

___ DOMINGO

- [ ] ....
- [ ] ....
- [ ] ....
- [ ] ....
- [ ] ....

- [ ] ....
- [ ] ....
- [ ] ....
- [ ] ....
- [ ] ....

ENERO

___ LUNES

___ MARTES

___ MIÉRCOLES

☐ ....   ☐ ....
☐ ....   ☐ ....
☐ ....   ☐ ....
☐ ....   ☐ ....
☐ ....   ☐ ....

ENERO

__ JUEVES

__ VIERNES

__ SÁBADO

__ DOMINGO

- [ ] ....
- [ ] ....
- [ ] ....
- [ ] ....
- [ ] ....

- [ ] ....
- [ ] ....
- [ ] ....
- [ ] ....
- [ ] ....

ENERO

___ LUNES

___ MARTES

___ MIÉRCOLES

MALO
MALO

- [ ] ....
- [ ] ....
- [ ] ....
- [ ] ....
- [ ] ....

- [ ] ....
- [ ] ....
- [ ] ....
- [ ] ....
- [ ] ....

ENERO

___ JUEVES

___ VIERNES

___ SÁBADO

___ DOMINGO

ENERO

__ LUNES

__ MARTES

__ MIÉRCOLES

☐ ....

☐ ....

☐ ....

☐ ....

☐ ....

☐ ....

☐ ....

☐ ....

☐ ....

☐ ....

ENERO

___ JUEVES

___ VIERNES

___ SÁBADO

___ DOMINGO

Boo!

- [ ] ....
- [ ] ....
- [ ] ....
- [ ] ....
- [ ] ....

- [ ] ....
- [ ] ....
- [ ] ....
- [ ] ....
- [ ] ....

RESUMEN DEL MES 

CANCIONES MÁS ODIADAS

TUS MEJORES ERRORES

DESAHÓGATE

MALAS COSTUMBRES:

← PON LO QUE QUIERAS →

ENEMIGOS

NOMBRE	MALO	PÉSIMO	MALÍSIMO
	◯	◯	◯
	◯	◯	◯
	◯	◯	◯
	◯	◯	◯
	◯	◯	◯

PENSAMIENTOS SECRETOS

100%
SUFRIMIENTO GARANTIZADO

pincha donde más duela.*

LISTA DE DESPROPÓSITOS:

HAZLE SUFRIR LENTAMENTE

NOMBRE:

* PINCHA CON PASIÓN

DISFRUTA
DE
febrero

FEBRERO

LUNES	MARTES	MIÉRCOLES

FEBRERO

JUEVES	VIERNES	SÁBADO	DOMINGO

FEBRERO

___ LUNES

___ MARTES

___ MIÉRCOLES

- [ ] ....
- [ ] LUNES ....
- [ ] ....
- [ ] ....
- [ ] ....

- [ ] ....
- [ ] ....
- [ ] ....
- [ ] ....
- [ ] ....

FEBRERO

___ JUEVES

___ VIERNES

___ SÁBADO

___ DOMINGO

FEBRERO

___ LUNES

___ MARTES

___ MIÉRCOLES

☐ ....   ☐ ....
☐ ....   ☐ ....
☐ ....   ☐ ....
☐ ....   ☐ ....
☐ ....   ☐ ....

FEBRERO

__ JUEVES

__ VIERNES

__ SÁBADO

__ DOMINGO

☐ ....
☐ ....
☐ ....
☐ ....
☐ ....

☐ ....
☐ ....
☐ ....
☐ ....
☐ ....

FEBRERO

___ LUNES

___ MARTES

___ MIÉRCOLES

FEBRERO

___ JUEVES

___ VIERNES

___ SÁBADO

___ DOMINGO

FEBRERO

___ LUNES

___ MARTES

villano o villana

___ MIÉRCOLES

☐ ....
☐ ....
☐ ....
☐ ....
☐ ....

☐ ....
☐ ....
☐ ....
☐ ....
☐ ....

FEBRERO

___ JUEVES

___ VIERNES

___ SÁBADO

___ DOMINGO

RESUMEN DEL MES

CANCIONES MÁS ODIADAS

____

____

____

____

____

____

____

____

TUS MEJORES ERRORES

DESAHÓGATE

MALAS COSTUMBRES:

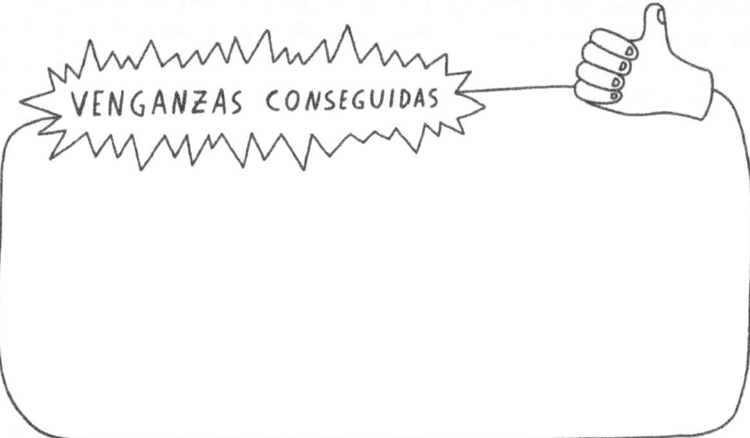

← PON LO QUE QUIERAS →

↙ ENEMIGOS

NOMBRE	MALO	PÉSIMO	MALÍSIMO
	◯	◯	◯
	◯	◯	◯
	◯	◯	◯
	◯	◯	◯
	◯	◯	◯

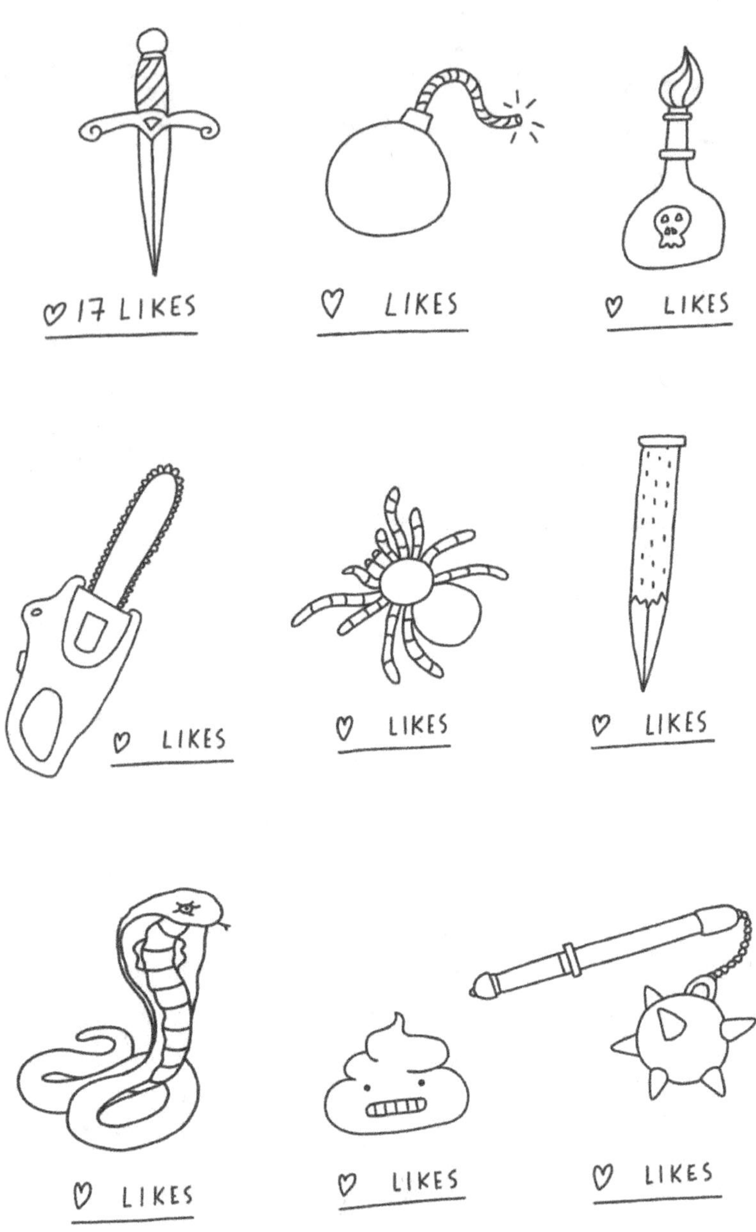

✳ ¿QUÉ TE GUSTA MÁS?

MARZO
♥ ME GUSTA

MARZO

LUNES	MARTES	MIÉRCOLES

MARZO

JUEVES	VIERNES	SÁBADO	DOMINGO

MARZO

___ LUNES

___ MARTES

___ MIÉRCOLES

☐ .... ☐ ....
☐ LUNES .... ☐ ....
☐ .... ☐ ....
☐ .... ☐ ....
☐ .... ☐ ....

MARZO

___ JUEVES

___ VIERNES

___ SÁBADO

___ DOMINGO

- ☐ ....
- ☐ ....
- ☐ ....
- ☐ ....
- ☐ ....

- ☐ ....
- ☐ ....
- ☐ ....
- ☐ ....
- ☐ ....

DÉJATE LLEVAR ⟶

___ LUNES

___ MARTES

___ MIÉRCOLES

- [ ] ....
- [ ] LUNES ....
- [ ] ....
- [ ] ....
- [ ] ....

- [ ] ....
- [ ] ....
- [ ] ....
- [ ] ....
- [ ] ....

MARZO

___ JUEVES

___ VIERNES

___ SÁBADO

___ DOMINGO

- ☐ ....
- ☐ ....
- ☐ ....
- ☐ ....
- ☐ ....

- ☐ ....
- ☐ ....
- ☐ ....
- ☐ ....
- ☐ ....

MARZO

___ LUNES

___ MARTES

___ MIÉRCOLES

☐ ....   ☐ ....
☐ LUNES ....   ☐ ....
☐ ....   ☐ ....
☐ ....   ☐ ....
☐ ....   ☐ ....

MARZO

___ JUEVES

___ VIERNES

___ SÁBADO

___ DOMINGO

MARZO

___ LUNES

___ MARTES

___ MIÉRCOLES

- [ ] ....
- [ ] ....
- [ ] ....
- [ ] ....
- [ ] ....

- [ ] ....
- [ ] ....
- [ ] ....
- [ ] ....
- [ ] ....

MARZO

___ JUEVES

___ VIERNES

___ SÁBADO

___ DOMINGO

☐ ....
☐ ....
☐ ....
☐ ....
☐ ....

☐ ....
☐ ....
☐ ....
☐ ....
☐ ....

MARZO

__ LUNES

__ MARTES

__ MIÉRCOLES

☐ .... ☐ ....
☐ .... ☐ ....
☐ .... ☐ ....
☐ .... ☐ ....
☐ .... ☐ ....

¡DATE EL GUSTO!

___ JUEVES

___ VIERNES

___ SÁBADO

___ DOMINGO

- [ ]
- [ ]
- [ ]
- [ ]
- [ ]

RESUMEN DEL MES

CANCIONES MÁS ODIADAS

TUS MEJORES ERRORES

DESAHÓGATE

MALAS COSTUMBRES:

← PON LO QUE QUIERAS →

ENEMIGOS

NOMBRE	MALO	PÉSIMO	MALÍSIMO
	○	○	○
	○	○	○
	○	○	○
	○	○	○
	○	○	○

ANOTA TODAS LAS COSAS MALAS QUE PODRÍAS HACER Y NO HAS HECHO

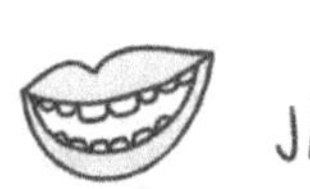

ABRIL

ABRIL

LUNES	MARTES	MIÉRCOLES

ABRIL

JUEVES	VIERNES	SÁBADO	DOMINGO

ABRIL

__ LUNES

__ MARTES

__ MIÉRCOLES

☐ ....
☐ ....
☐ ....
☐ ....
☐ ....

☐ ....
☐ ....
☐ ....
☐ ....
☐ ....

ABRIL

___ JUEVES

___ VIERNES

___ SÁBADO

___ DOMINGO

ABRIL

___ LUNES

___ MARTES

___ MIÉRCOLES

☐ ....   ☐ ....
☐ ....   ☐ ....
☐ ....   ☐ ....
☐ ....   ☐ ....
☐ ....   ☐ ....

ABRIL

___ JUEVES

___ VIERNES

___ SÁBADO | ___ DOMINGO

☐ ....
☐ ....
☐ ....
☐ ....
☐ ....

☐ ....
☐ ....
☐ ....
☐ ....
☐ ....

ABRIL

___ LUNES

___ MARTES

___ MIÉRCOLES

☐ .... ☐ ....
☐ LUNES .... ☐ ....
☐ .... ☐ ....
☐ .... ☐ ....
☐ .... ☐ ....

ABRIL

__ JUEVES

__ VIERNES

__ SÁBADO __ DOMINGO

☐ ....
☐ ....
☐ ....
☐ ....
☐ ....

☐ ....
☐ ....
☐ ....
☐ ....
☐ ....

ABRIL

___ LUNES

___ MARTES

___ MIÉRCOLES

☐ .... ☐ ....
☐ .... ☐ ....
☐ .... ☐ ....
☐ .... ☐ ....
☐ .... ☐ ....

ABRIL

___ JUEVES

___ VIERNES

___ SÁBADO

___ DOMINGO

☐ ....
☐ ....
☐ ....
☐ ....
☐ ....

☐ ....
☐ ....
☐ ....
☐ ....
☐ ....

ABRIL

___ LUNES

___ MARTES

___ MIÉRCOLES

☐ .... ☐ ....
☐ LUNES .... ☐ ....
☐ .... ☐ ....
☐ .... ☐ ....
☐ .... ☐ ....

ABRIL

___ JUEVES

___ VIERNES

___ SÁBADO

___ DOMINGO

- [ ] ....
- [ ] ....
- [ ] ....
- [ ] ....
- [ ] ....

- [ ] ....
- [ ] ....
- [ ] ....
- [ ] ....
- [ ] ....

RESUMEN DEL MES

CANCIONES MÁS ODIADAS

____
____
____
____
____
____
____
____

TUS MEJORES ERRORES 

DESAHÓGATE

MALAS COSTUMBRES:

ENEMIGOS

NOMBRE	MALO	PÉSIMO	MALÍSIMO
	◯	◯	◯
	◯	◯	◯
	◯	◯	◯
	◯	◯	◯
	◯	◯	◯

ANIQUILACIÓN TOTAL
BOOM!

MAYO

MAYO

LUNES	MARTES	MIÉRCOLES

MAYO

JUEVES	VIERNES	SÁBADO	DOMINGO

MAYO

__ LUNES

__ MARTES

__ MIÉRCOLES

☐ ....
☐ ....
☐ ....
☐ ....
☐ ....

☐ ....
☐ ....
☐ ....
☐ ....
☐ ....

MAYO

__ JUEVES

__ VIERNES

__ SÁBADO   __ DOMINGO

- [ ] ....
- [ ] ....
- [ ] ....
- [ ] ....
- [ ] ....

- [ ] ....
- [ ] ....
- [ ] ....
- [ ] ....
- [ ] ....

MAYO

___ LUNES

___ MARTES

___ MIÉRCOLES

☐ .... ☐ ....
☐ .... ☐ ....
☐ .... ☐ ....
☐ .... ☐ ....
☐ .... ☐ ....

MAYO

__ JUEVES

__ VIERNES

__ SÁBADO

__ DOMINGO

__ JUEVES

MAYO

___ LUNES

___ MARTES

___ MIÉRCOLES

☐ ....
☐ ....
☐ ....
☐ ....
☐ ....

☐ ....
☐ ....
☐ ....
☐ ....
☐ ....

MAYO

___ JUEVES

___ VIERNES

___ SÁBADO

___ DOMINGO

MAYO

___ LUNES

___ MARTES

___ MIÉRCOLES

- [ ] ....
- [ ] ....
- [ ] ....
- [ ] ....
- [ ] ....

- [ ] ....
- [ ] ....
- [ ] ....
- [ ] ....
- [ ] ....

MAYO

___ JUEVES

___ VIERNES

___ SÁBADO

___ DOMINGO

- [ ] ....
- [ ] ....
- [ ] ....
- [ ] ....
- [ ] ....

- [ ] ....
- [ ] ....
- [ ] ....
- [ ] ....
- [ ] ....

MAYO

___ LUNES

___ MARTES

___ MIÉRCOLES

☐ .... ☐ ....
☐ .... ☐ ....
☐ .... ☐ ....
☐ .... ☐ ....
☐ .... ☐ ....

MAYO

___ JUEVES

___ VIERNES

___ SÁBADO | ___ DOMINGO

RESUMEN DEL MES

CANCIONES MÁS ODIADAS

____
____
____
____
____
____
____
____

MALAS COSTUMBRES:

TUS MEJORES ERRORES

DESAHÓGATE

PON LO QUE QUIERAS →

← ENEMIGOS

NOMBRE	MALO	PÉSIMO	MALÍSIMO
	◯	◯	◯
	◯	◯	◯
	◯	◯	◯
	◯	◯	◯
	◯	◯	◯

TIPOS DE RISA

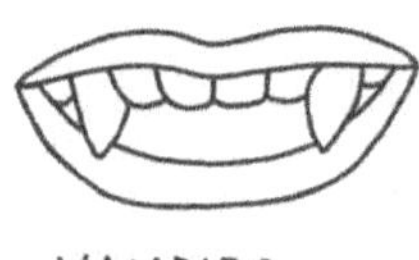

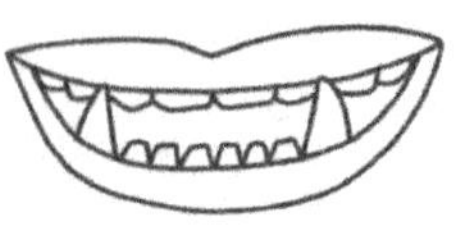

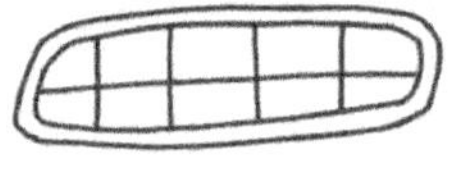

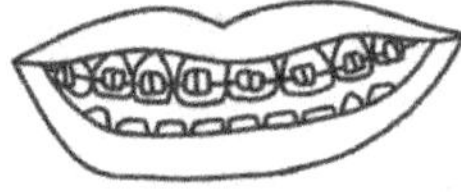

TYSON

DIBUJA LA TUYA

* TODO MALO NECESITA UNA RISA

JUNIO

JUNIO

LUNES	MARTES	MIÉRCOLES

JUNIO

JUEVES	VIERNES	SÁBADO	DOMINGO

DISFRUTA MÁS QUE NUNCA

__ LUNES

__ MARTES

__ MIÉRCOLES

☐ .... ☐ ....
☐ .... ☐ ....
☐ .... ☐ ....
☐ .... ☐ ....
☐ .... ☐ ....

JUNIO

___ JUEVES

___VIERNES

___SÁBADO

___ DOMINGO

- ☐ ....
- ☐ ....
- ☐ ....
- ☐ ....
- ☐ ....

- ☐ ....
- ☐ ....
- ☐ ....
- ☐ ....
- ☐ ....

JUNIO

___ LUNES

___ MARTES

___ MIÉRCOLES

<table>
<tr><td>☐ ....</td><td>☐ ....</td></tr>
<tr><td>☐ ....</td><td>☐ ....</td></tr>
<tr><td>☐ ....</td><td>☐ ....</td></tr>
<tr><td>☐ ....</td><td>☐ ....</td></tr>
<tr><td>☐ ....</td><td>☐ ....</td></tr>
</table>

JUNIO

__ JUEVES

__ VIERNES

__ SÁBADO

__ DOMINGO

JUNIO

___ LUNES

___ MARTES

___ MIÉRCOLES

☐ .... ☐ ....
☐ .... ☐ ....
☐ .... ☐ ....
☐ .... ☐ ....
☐ .... ☐ ....

JUNIO

___ JUEVES

___ VIERNES

___ SÁBADO

___ DOMINGO

- [ ] ....
- [ ] ....
- [ ] ....
- [ ] ....
- [ ] ....

- [ ] ....
- [ ] ....
- [ ] ....
- [ ] ....
- [ ] ....

JUNIO

___ LUNES

___ MARTES

___ MIÉRCOLES

☐ ....
☐ ....
☐ ....
☐ ....
☐ ....

☐ ....
☐ ....
☐ ....
☐ ....
☐ ....

JUNIO

__ JUEVES

__ VIERNES

__ SÁBADO

__ DOMINGO

- [ ] ....
- [ ] ....
- [ ] ....
- [ ] ....
- [ ] ....

- [ ] ....
- [ ] ....
- [ ] ....
- [ ] ....
- [ ] ....

JUNIO

___ LUNES

___ MARTES

___ MIÉRCOLES

☐ ....   ☐ ....
☐ LUNES ....   ☐ ....
☐ ....   ☐ ....
☐ ....   ☐ ....
☐ ....   ☐ ....

ATRÉVETE CON TODO

__ JUEVES

__ VIERNES

__ SÁBADO

__ DOMINGO

☐ ....
☐ ....
☐ ....
☐ ....
☐ ....

☐ ....
☐ ....
☐ ....
☐ ....
☐ ....

RESUMEN DEL MES

CANCIONES MÁS ODIADAS

____
____
____
____
____
____
____
____

TUS MEJORES ERRORES

DESAHÓGATE

MALAS COSTUMBRES:

ENEMIGOS

NOMBRE	MALO	PÉSIMO	MALÍSIMO
	◯	◯	◯
	◯	◯	◯
	◯	◯	◯
	◯	◯	◯
	◯	◯	◯

DIBUJA UNAS GARRAS MUY AFILADAS

NOTAS:

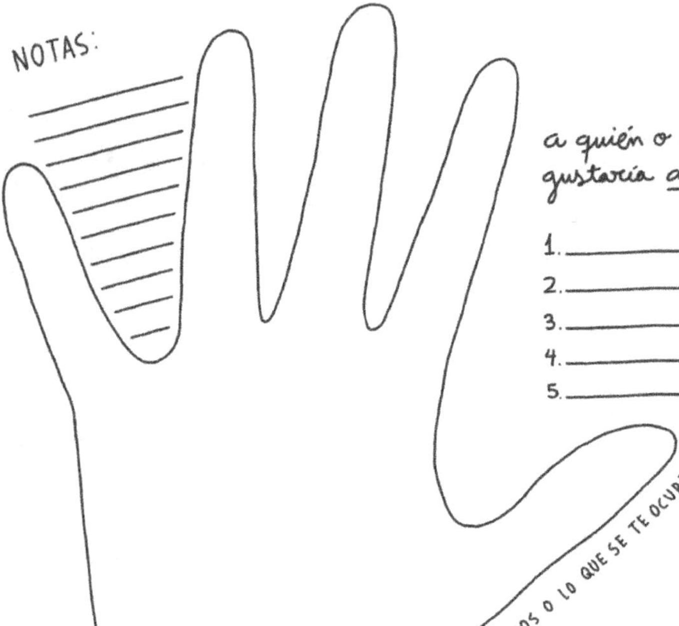

a quién o qué te gustaría arañar

1. ____________
2. ____________
3. ____________
4. ____________
5. ____________

SI QUIERES, AÑADE UN GUANTE CON PINCHOS O LO QUE SE TE OCURRA

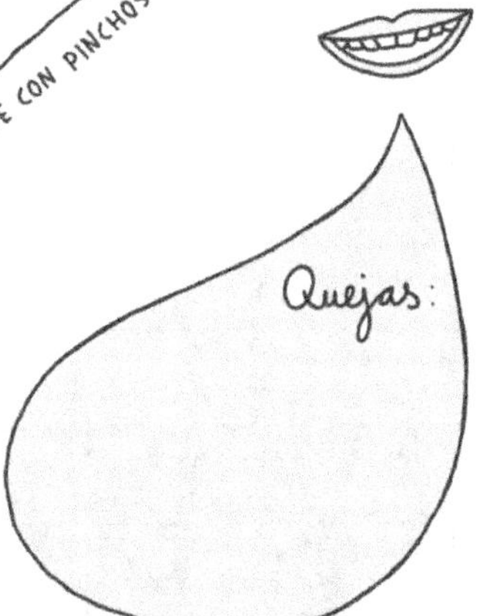

araña

en

JULIO

JULIO

NOTAS

LUNES	MARTES	MIÉRCOLES

JULIO

JUEVES	VIERNES	SÁBADO	DOMINGO

JULIO

__ LUNES

__ MARTES

__ MIÉRCOLES

- [ ] ....
- [ ] ....
- [ ] ....
- [ ] ....
- [ ] ....

- [ ] ....
- [ ] ....
- [ ] ....
- [ ] ....
- [ ] ....

JULIO

___ JUEVES

___ VIERNES

___ SÁBADO ___ DOMINGO

JULIO

___ LUNES

___ MARTES

___ MIÉRCOLES

☐ ....
☐ ....
☐ ....
☐ ....
☐ ....

☐ ....
☐ ....
☐ ....
☐ ....
☐ ....

JULIO

___ JUEVES

___ VIERNES

___ SÁBADO

___ DOMINGO

- [ ] ....
- [ ] ....
- [ ] ....
- [ ] ....
- [ ] ....

- [ ] ....
- [ ] ....
- [ ] ....
- [ ] ....
- [ ] ....

JULIO

___ LUNES

___ MARTES

___ MIÉRCOLES

☐ .... ☐ ....
☐ .... ☐ ....
☐ .... ☐ ....
☐ .... ☐ ....
☐ .... ☐ ....

JULIO

___ JUEVES

___ VIERNES

___ SÁBADO

___ DOMINGO

- [ ] ....
- [ ] ....
- [ ] ....
- [ ] ....
- [ ] ....

- [ ] ....
- [ ] ....
- [ ] ....
- [ ] ....
- [ ] ....

JULIO

___ LUNES

___ MARTES

___ MIÉRCOLES

☐ .... ☐ ....
☐ LUNES .... ☐ ....
☐ .... ☐ ....
☐ .... ☐ ....
☐ .... ☐ ....

JULIO

___ JUEVES

___ VIERNES

___ SÁBADO

___ DOMINGO

- [ ] ....
- [ ] ....
- [ ] ....
- [ ] ....
- [ ] ....

- [ ] ....
- [ ] ....
- [ ] ....
- [ ] ....
- [ ] ....

JULIO

☐ LUNES

☐ MARTES

☐ MIÉRCOLES

☐ ....
☐ ....
☐ ....
☐ ....
☐ ....

☐ ....
☐ ....
☐ ....
☐ ....
☐ ....

JULIO

___ JUEVES

___ VIERNES

___ SÁBADO

___ DOMINGO

- [ ] ....
- [ ] ....
- [ ] ....
- [ ] ....
- [ ] ....

- [ ] ....
- [ ] ....
- [ ] ....
- [ ] ....
- [ ] ....

RESUMEN DEL MES 

CANCIONES MÁS ODIADAS

____
____
____
____
____
____
____
____

MALAS COSTUMBRES:

TUS MEJORES ERRORES

DESAHÓGATE

← PON LO QUE QUIERAS →

ENEMIGOS

NOMBRE	MALO	PÉSIMO	MALÍSIMO
	◯	◯	◯
	◯	◯	◯
	◯	◯	◯
	◯	◯	◯
	◯	◯	◯

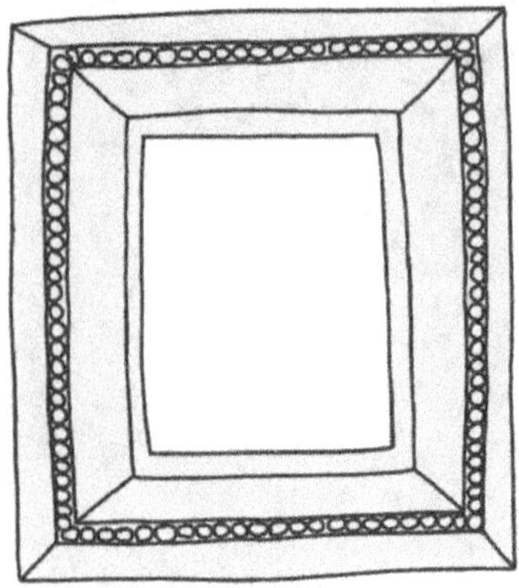

pega las fotos de tus personas
más <u>tóxicas</u>*

Agosto

* EL ENEMIGO TIENE QUE ESTAR CERCA Y VISIBLE

AGOSTO

LUNES	MARTES	MIÉRCOLES

AGOSTO

JUEVES	VIERNES	SÁBADO	DOMINGO

AGOSTO

___ LUNES

___ MARTES

___ MIÉRCOLES

☐	☐ ....
☐	☐ ....
☐	☐ ....
☐	☐ ....
☐	☐ ....

AGOSTO

__ JUEVES

__ VIERNES

__ SÁBADO

__ DOMINGO

AGOSTO

___ LUNES

___ MARTES

___ MIÉRCOLES

- [ ] ....
- [ ] ....
- [ ] ....
- [ ] ....
- [ ] ....

- [ ] ....
- [ ] ....
- [ ] ....
- [ ] ....
- [ ] ....

AGOSTO

JUEVES

VIERNES

SÁBADO

DOMINGO

AGOSTO

___ LUNES

___ MARTES

___ MIÉRCOLES

AGOSTO

__ JUEVES

__ VIERNES

__ SÁBADO

__ DOMINGO

- [ ] ....
- [ ] ....
- [ ] ....
- [ ] ....
- [ ] ....

- [ ] ....
- [ ] ....
- [ ] ....
- [ ] ....
- [ ] ....

AGOSTO

___ LUNES

___ MARTES

___ MIÉRCOLES

- [ ] ....
- [ ] ....
- [ ] ....
- [ ] ....
- [ ] ....

- [ ] ....
- [ ] ....
- [ ] ....
- [ ] ....
- [ ] ....

AGOSTO

___ JUEVES

___ VIERNES

___ SÁBADO

___ DOMINGO

¡BUAAA! JA JA JA

___ LUNES

___ MARTES

___ MIÉRCOLES

☐ .... ☐ ....
☐ LUNES .... ☐ ....
☐ .... ☐ ....
☐ .... ☐ ....
☐ .... ☐ ....

AGOSTO

__ JUEVES

__ VIERNES

__ SÁBADO

__ DOMINGO

RESUMEN DEL MES

CANCIONES MÁS ODIADAS

TUS MEJORES ERRORES

DESAHÓGATE

MALAS COSTUMBRES:

← PON LO QUE QUIERAS →

← ENEMIGOS

NOMBRE	MALO	PÉSIMO	MALÍSIMO
	◯	◯	◯
	◯	◯	◯
	◯	◯	◯
	◯	◯	◯
	◯	◯	◯

DIBUJA TU
VESTIMENTA
VILLANA

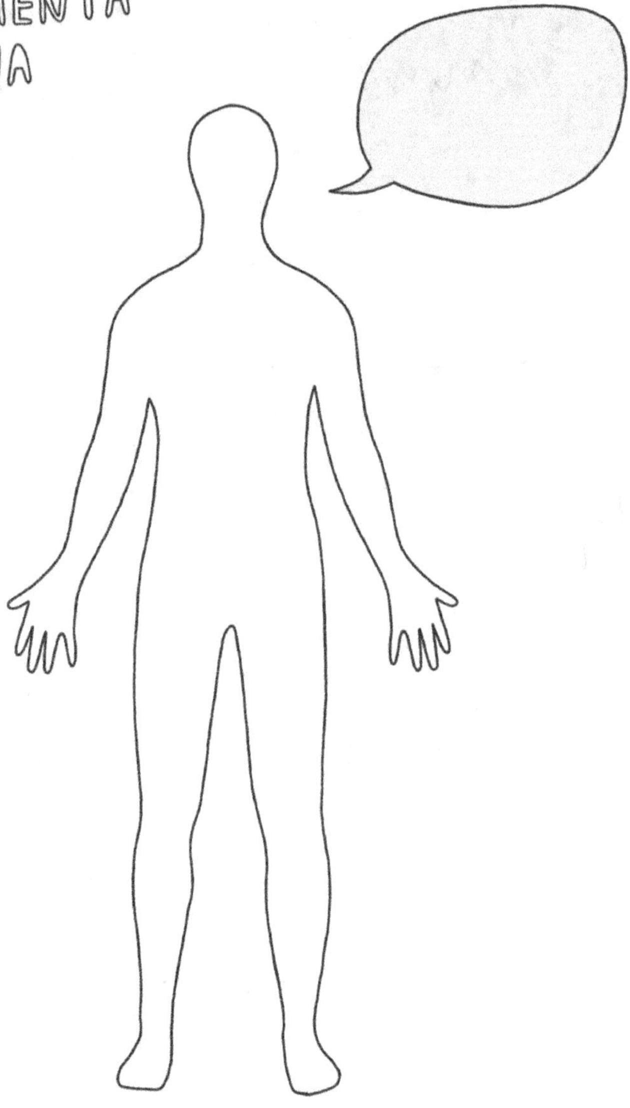

* DÉJATE LLEVAR

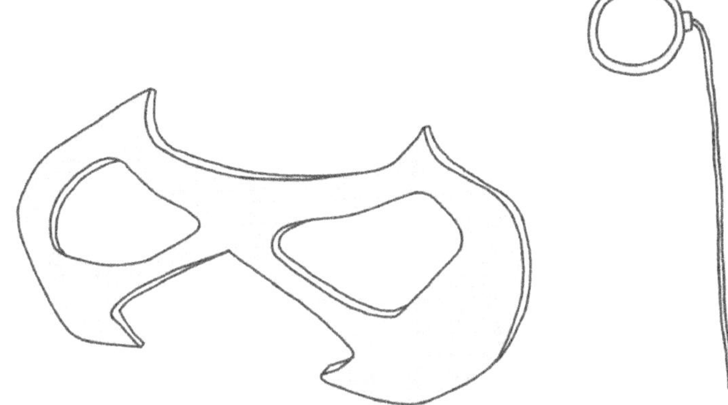

SEPTIEMBRE

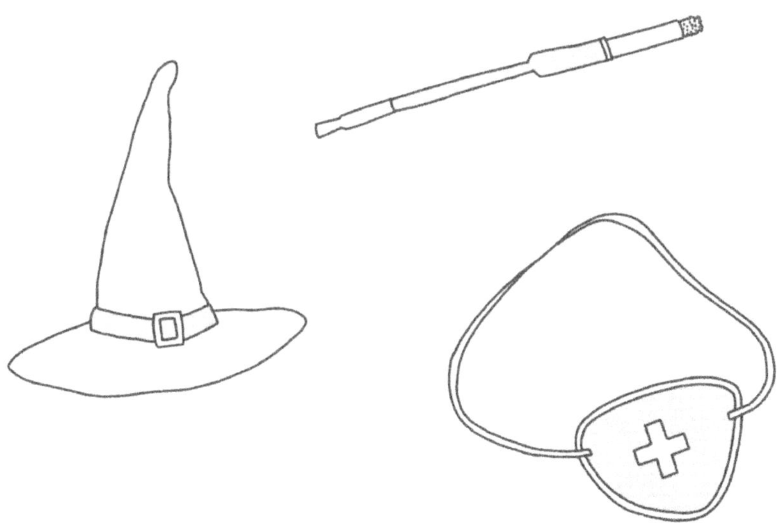

SEPTIEMBRE

LUNES	MARTES	MIÉRCOLES

SEPTIEMBRE

JUEVES	VIERNES	SÁBADO	DOMINGO

SEPTIEMBRE

___ LUNES

___ MARTES

___ MIÉRCOLES

SEPTIEMBRE

___ JUEVES

___ VIERNES

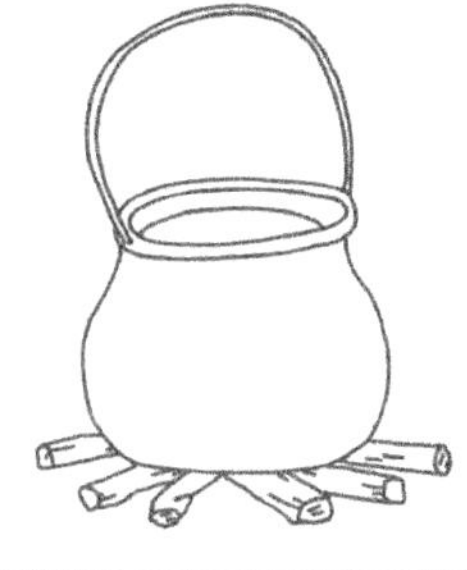

___ SÁBADO | ___ DOMINGO

☐ .... ☐ ....
☐ .... ☐ ....
☐ .... ☐ ....
☐ .... ☐ ....
☐ .... ☐ ....

SEPTIEMBRE

___ LUNES

___ MARTES

___ MIÉRCOLES

☐ ....
☐ ....
☐ ....
☐ ....
☐ ....

☐ ....
☐ ....
☐ ....
☐ ....
☐ ....

SEPTIEMBRE

___ JUEVES

VERRUGA

___ VIERNES

___ SÁBADO

___ DOMINGO

SEPTIEMBRE

___ LUNES

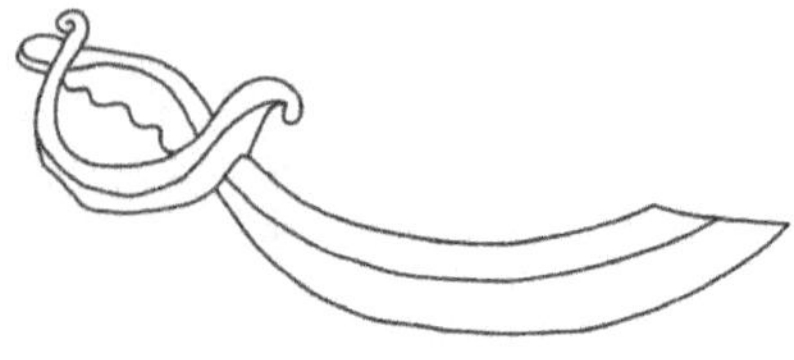

___ MARTES

___ MIÉRCOLES

☐ ....   ☐ ....
☐ ....   ☐ ....
☐ ....   ☐ ....
☐ ....   ☐ ....
☐ ....   ☐ ....

SEPTIEMBRE

___ JUEVES

___ VIERNES

___ SÁBADO | ___ DOMINGO

- [ ] ....
- [ ] ....
- [ ] ....
- [ ] ....
- [ ] ....

- [ ] ....
- [ ] ....
- [ ] ....
- [ ] ....
- [ ] ....

SEPTIEMBRE

___ LUNES

___ MARTES

___ MIÉRCOLES

☐ ....   ☐ ....
☐ ....   ☐ ....
☐ ....   ☐ ....
☐ ....   ☐ ....
☐ ....   ☐ ....

TEN A MANO UN POCO DE ....

___ JUEVES

___ VIERNES

___ SÁBADO

___ DOMINGO

SEPTIEMBRE

___ LUNES

___ MARTES

___ MIÉRCOLES

☐ ....
☐ ....
☐ ....
☐ ....
☐ ....

☐ ....
☐ ....
☐ ....
☐ ....
☐ ....

SEPTIEMBRE

__ JUEVES

__ VIERNES

__ SÁBADO

__ DOMINGO

RESUMEN DEL MES

CANCIONES MÁS ODIADAS

____

____

____

____

____

____

____

TUS MEJORES ERRORES

DESAHÓGATE

MALAS COSTUMBRES:

← PON LO QUE QUIERAS →

↳ ENEMIGOS

NOMBRE	MALO	PÉSIMO	MALÍSIMO
	◯	◯	◯
	◯	◯	◯
	◯	◯	◯
	◯	◯	◯
	◯	◯	◯

Date el gusto de explotar un globo como éste

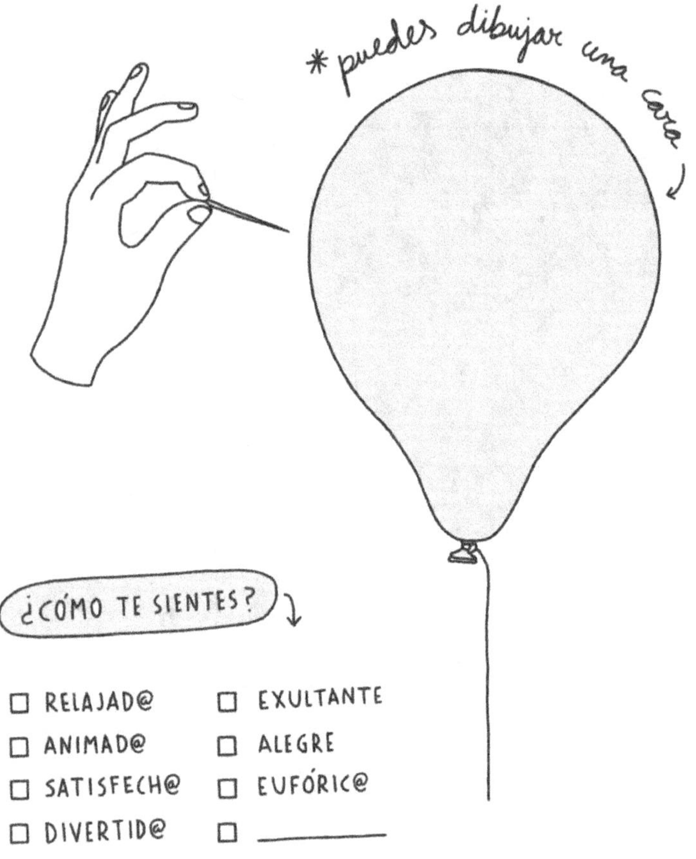

* O ESCRIBIR UN NOMBRE

explota

OCTUBRE

LUNES	MARTES	MIÉRCOLES

OCTUBRE

JUEVES	VIERNES	SÁBADO	DOMINGO

OCTUBRE

___ LUNES

___ MARTES

___ MIÉRCOLES

- [ ] ....
- [ ] LUNES ....
- [ ] ....
- [ ] ....
- [ ] ....

- [ ] ....
- [ ] ....
- [ ] ....
- [ ] ....
- [ ] ....

OCTUBRE

___ JUEVES

___ VIERNES

___ SÁBADO

___ DOMINGO

☐ ....
☐ ....
☐ ....
☐ ....
☐ ....

☐ ....
☐ ....
☐ ....
☐ ....
☐ ....

OCTUBRE

___ LUNES

___ MARTES

___ MIÉRCOLES

☐ .... ☐ ....
☐ .... ☐ ....
☐ .... ☐ ....
☐ .... ☐ ....
☐ .... ☐ ....

OCTUBRE

___ JUEVES

___ VIERNES

___ SÁBADO

___ DOMINGO

- [ ]
- [ ]
- [ ]
- [ ]
- [ ]
- [ ]
- [ ]
- [ ]
- [ ]
- [ ]

OCTUBRE

___ LUNES

___ MARTES

___ MIÉRCOLES

☐ .... ☐ ....
☐ .... ☐ ....
☐ .... ☐ ....
☐ .... ☐ ....
☐ .... ☐ ....

OCTUBRE

___ JUEVES

___ VIERNES

___ SÁBADO

___ DOMINGO

OCTUBRE

___ LUNES

___ MARTES

___ MIÉRCOLES

☐ .... ☐ ....
☐ .... ☐ ....
☐ .... ☐ ....
☐ .... ☐ ....
☐ .... ☐ ....

OCTUBRE

__ JUEVES

LOVE

__ VIERNES

__ SÁBADO

__ DOMINGO

OCTUBRE

___ LUNES

___ MARTES

___ MIÉRCOLES

☐	☐ ....
☐	☐ ....
☐	☐ ....
☐	☐ ....
☐	☐ ....

OCTUBRE

___ JUEVES

___ VIERNES

___ SÁBADO

___ DOMINGO

- [ ] ....
- [ ] ....
- [ ] ....
- [ ] ....
- [ ] ....

- [ ] ....
- [ ] ....
- [ ] ....
- [ ] ....
- [ ] ....

RESUMEN DEL MES

CANCIONES MÁS ODIADAS

____

____

____

____

____

____

____

____

TUS MEJORES ERRORES

DESAHÓGATE

MALAS COSTUMBRES:

ENEMIGOS

NOMBRE	MALO	PÉSIMO	MALÍSIMO
	◯	◯	◯
	◯	◯	◯
	◯	◯	◯
	◯	◯	◯
	◯	◯	◯

CREA UNA LISTA DE TUS

VILLANOS FAVORITOS	MALVADAS FAVORITAS

NOVIEMBRE

* ATRÉVETE A DIBUJAR UNO

NOVIEMBRE

	LUNES	MARTES	MIÉRCOLES

NOTAS

NOVIEMBRE

JUEVES	VIERNES	SÁBADO	DOMINGO

I'M THE BEST

___ LUNES

___ MARTES

___ MIÉRCOLES

☐ ....
☐ ....
☐ ....
☐ ....
☐ ....

☐ ....
☐ ....
☐ ....
☐ ....
☐ ....

NOVIEMBRE

__ JUEVES

___VIERNES

__SÁBADO

__ DOMINGO

NOVIEMBRE

___ LUNES

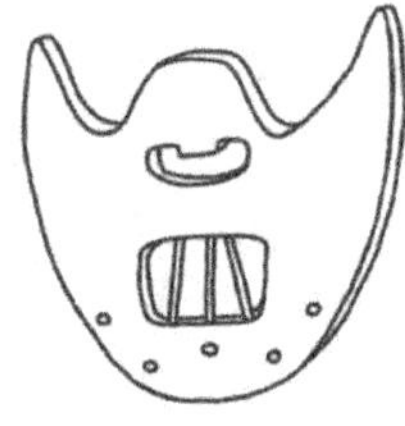

___ MARTES

___ MIÉRCOLES

☐ .... ☐ ....
☐ .... ☐ ....
☐ .... ☐ ....
☐ .... ☐ ....
☐ .... ☐ ....

NOVIEMBRE

___ JUEVES

___ VIERNES

___ SÁBADO   ___ DOMINGO

☐ ....
☐ ....
☐ ....
☐ ....
☐ ....

☐ ....
☐ ....
☐ ....
☐ ....
☐ ....

NOVIEMBRE

___ LUNES

___ MARTES

___ MIÉRCOLES

☐ .... ☐ ....
☐ .... ☐ ....
☐ .... ☐ ....
☐ .... ☐ ....
☐ .... ☐ ....

NOVIEMBRE

___ JUEVES

___ VIERNES

___ SÁBADO

___ DOMINGO

NOVIEMBRE

___ LUNES

___ MARTES

___ MIÉRCOLES

- ☐ ....
- ☐ ....
- ☐ ....
- ☐ ....
- ☐ ....

- ☐ ....
- ☐ ....
- ☐ ....
- ☐ ....
- ☐ ....

NOVIEMBRE

___ JUEVES

___ VIERNES

___ SÁBADO

___ DOMINGO

NOVIEMBRE

___ LUNES

___ MARTES

___ MIÉRCOLES

- [ ] ....
- [ ] LUNES ....
- [ ] ....
- [ ] ....
- [ ] ....

- [ ] ....
- [ ] ....
- [ ] ....
- [ ] ....
- [ ] ....

NOVIEMBRE

___ JUEVES

___ VIERNES

___ SÁBADO

___ DOMINGO

- [ ] ....
- [ ] ....
- [ ] ....
- [ ] ....
- [ ] ....

- [ ] ....
- [ ] ....
- [ ] ....
- [ ] ....
- [ ] ....

RESUMEN DEL MES 

CANCIONES MÁS ODIADAS

TUS MEJORES ERRORES

DESAHÓGATE

MALAS COSTUMBRES:

← PON LO QUE QUIERAS →

↳ ENEMIGOS

NOMBRE	MALO	PÉSIMO	MALÍSIMO
	◯	◯	◯
	◯	◯	◯
	◯	◯	◯
	◯	◯	◯
	◯	◯	◯

Todavía te queda un mes, cuando termine brinda con un buen

Bloody Mary

Ingredientes:

- 3 partes de VODKA.
- 6 partes de ZUMO DE TOMATE.
- Una pizca de sal y pimienta.
- 3 gotas de salsa Worcestershire o salsa inglesa.
- 3 gotas de salsa Tabasco.
- 10 ml de zumo de limón o de lima.

* Vete pensando en los despró sitos del año que viene.

Diciembre

DICIEMBRE

LUNES	MARTES	MIÉRCOLES

DICIEMBRE

JUEVES	VIERNES	SÁBADO	DOMINGO

__ LUNES

__ MARTES

__ MIÉRCOLES

* A TU AIRE

☐ ....
☐ ....
☐ ....
☐ ....
☐ ....

☐ ....
☐ ....
☐ ....
☐ ....
☐ ....

DICIEMBRE

___ JUEVES

___VIERNES

___SÁBADO

___ DOMINGO

DICIEMBRE

___ LUNES

___ MARTES

___ MIÉRCOLES

☐ .... ☐ ....
☐ .... ☐ ....
☐ .... ☐ ....
☐ .... ☐ ....
☐ .... ☐ ....

DICIEMBRE

__ JUEVES

__ VIERNES

__ SÁBADO

__ DOMINGO

DICIEMBRE

___ LUNES

☐

☐

___ MARTES

___ MIÉRCOLES

☐ .... ☐ ....
☐ LUNES .... ☐ ....
☐ .... ☐ ....
☐ .... ☐ ....
☐ .... ☐ ....

DICIEMBRE

___ JUEVES

___ VIERNES

___ SÁBADO

___ DOMINGO

- [ ] ....
- [ ] ....
- [ ] ....
- [ ] ....
- [ ] ....

- [ ] ....
- [ ] ....
- [ ] ....
- [ ] ....
- [ ] ....

DICIEMBRE

__ LUNES

__ MARTES

__ MIÉRCOLES

- [ ] ....
- [ ] ....
- [ ] ....
- [ ] ....
- [ ] ....

- [ ] ....
- [ ] ....
- [ ] ....
- [ ] ....
- [ ] ....

DICIEMBRE

___ JUEVES

___ VIERNES

___ SÁBADO

___ DOMINGO

- [ ] ....
- [ ] ....
- [ ] ....
- [ ] ....
- [ ] ....

- [ ] ....
- [ ] ....
- [ ] ....
- [ ] ....
- [ ] ....

DICIEMBRE

___ LUNES

___ MARTES

___ MIÉRCOLES

- ☐ ....
- ☐ ....
- ☐ ....
- ☐ ....
- ☐ ....

- ☐ ....
- ☐ ....
- ☐ ....
- ☐ ....
- ☐ ....

BYE

__ JUEVES

__ VIERNES

__ SÁBADO

__ DOMINGO

☐ ....
☐ JUEVES ....
☐ ....
☐ ....
☐ ....

☐ ....
☐ ....
☐ ....
☐ ....
☐ ....

RESUMEN DEL MES

CANCIONES MÁS ODIADAS

TUS MEJORES ERRORES

DESAHÓGATE

MALAS COSTUMBRES:

← PON LO QUE QUIERAS →

↳ ENEMIGOS

NOMBRE	MALO	PÉSIMO	MALÍSIMO

GRACIAS

A LA FAMILIA PRIMERO Y A LOS AMIGOS DESPUÉS.